# BEI GRIN MACHT SICH IHR WISSEN BEZAHLT

AF152806

- Wir veröffentlichen Ihre Hausarbeit, Bachelor- und Masterarbeit

- Ihr eigenes eBook und Buch - weltweit in allen wichtigen Shops

- Verdienen Sie an jedem Verkauf

## Jetzt bei www.GRIN.com hochladen und kostenlos publizieren

**Bibliografische Information der Deutschen Nationalbibliothek:**

Die Deutsche Bibliothek verzeichnet diese Publikation in der Deutschen National-
bibliografie; detaillierte bibliografische Daten sind im Internet über http://dnb.d-
nb.de/ abrufbar.

**Impressum:**

Copyright © 2019 GRIN Verlag
Druck und Bindung: Books on Demand GmbH, Norderstedt Germany
ISBN: 9783346003843

**Dieses Buch bei GRIN:**

https://www.grin.com/document/495440

Vita Zeyliger-Cherednychenko

# Die Französische Revolution und ihr Einfluss auf die Kleidung

GRIN Verlag

# Vita Zeyliger

Vortrag zum Thema:

## „Die Französische Revolution und ihr Einfluss auf die Kleidung"

# Inhaltsverzeichnis

## 1. Einleitung

Das 18. Jahrhundert schloss das letzte Kapitel der höfischen Mode ab und leitete das erste Kapitel der bürgerlichen Mode ein. Die höfische Mode bringt man mit französischem Absolutismus in Verbindung. Die bürgerliche Mode dagegen war von Emanzipationsbestrebungen geprägt, die von Großbritannien auf den Kontinent übergriffen und in der Französischen Revolution ihren Siegeszug antraten. Wie die Mode während der Französischen Revolution aussah, wird im Laufe des Vortrags kenntlich gemacht. Zum Anfang wird ein Rekurs auf das Pathos der Barockzeit auf dem Hof Ludwigs XVI. gemacht, um dann die revolutionären Veränderungen der Kleidung vor Augen zu führen (Thiel 2010: 247).

## 2. Pathos der höfischen Mode

Für die Damenkleidung gab es im Vorfeld der Französischen Revolution vier verschiedene Erscheinungsformen. Das waren die zeremonielle Hofkleidung, die höfische Galakleidung *La Grande Parure*, der Halbputz *Parure* und der *Négligé*-Look. Letzterer stellte eine Haus- und Straßenkleidung dar. Für Hofempfänge wurden zeremonielle oder Galakleider getragen. Für diese Kategorie der Damenkleidung waren Reifrock und Korsett unentbehrlich. Das Material für den berüchtigten Reifrock wurde immer anspruchsvoller. Ursprünglich bestanden Reifröcke aus eisernen und hölzernen Reifen, die mit einem Wachstuch verbunden waren. Dies erzeugte ein heftiges Geräusch, weswegen Reifrockträgerinnen *Criardes* genannt wurden, was so viel wie *Kreischerinnen* bedeutete. Im späten 18. Jahrhundert wurden die Reifen aus Fischbeinstäben hergestellt, um das starke Rascheln zu vermeiden. Unmittelbar unter dem Reifrock befand sich ein besetzter Unterrock, welcher im Vorfeld der Französischen Revolution bereits zum Vorschein kam. Dieses intime Kleidungsstück wurde als „Appetitröckl" bezeichnet und aus Seidenstoffen hergestellt. Der untere Rock *La Jupe* wurde reichlich mit Spitzen geschmückt für den Zweck, dass dieser beim Gehen oder Hinsetzen sichtbar wurde und die Fantasie der Zuschauer anregte (Mentges 2011; Thiel 2010: 249ff.).

Im Laufe des Jahrhunderts wurde der Reifrock kürzer, sodass der Fuß und der Ansatz des Beines zu sehen waren. Zur gleichen Zeit wurde die Fußbekleidung zum wahren Kunstwerk. Der Fuß galt als Kennzeichen weiblicher Schönheit. Der Schuh war in der Regel klein und grazil, besaß vorne eine zierliche Spitze und einen großen Ausschnitt. Bemerkenswert war der „französische" Absatz mit sechs Zoll, was heute einer Länge von 15,24 Zentimetern entspricht. Die Schuhe wurden aus Seiden- oder Leinenstoffen hergestellt und mit Stickereien, Edelsteinen, Schleifen oder Schnallen reichlich versehen. Sie wurden mit den Unterschuhen getragen, wobei Letztere aus kostbaren Materialien wie Brokat und Seide hergestellt wurden. Unmittelbar am Fuß und am Bein trugen die edlen Damen farbige Frauenstrümpfe aus Seide mit Gold und Silber bestickt. Die Strumpfbänder wurden in der Regel mit Schleifen und Edelsteinen geschmückt. Sogar ein Bild des Geliebten konnte in einem zierlichen Medaillon in diesem intimen Platz versteckt werden (Thiel 2010: 250f.).

Das Korsett als eines der wichtigsten Bestandteile der höfischen Kleidung wurde bereits von sechsjährigen Mädchen getragen. Die jungen Damen hatten den Schnürverschluss des Korsetts meistens auf dem Rücken, die erwachsenen Frauen vorne. Das Mieder diente der Befestigung der beiden Röcke: des unteren Rocks *La Jupe* und des Reifrocks. Dabei sollte das „Appetitröckl" am Reifrock möglichst glatt anliegen. Die Mäntel *Les Manteaux* konnten wegen der großen Reifröcke nicht getragen werden. Dafür wurden dann die Kleider für den Winter mit einem Steppfutter versehen. Manchmal übernahmen Umhänge und Schals die Aufgabe der Übergewänder (Mentges 2011; Thiel 2010: 251f.).

Üblich für *La Grande Parure* waren Kunstblumen, Girlanden und Volants. Sie wurden sowohl für Gewänder als auch für Frisuren der Frauen genutzt. Dadurch, dass Edelmetalle und Edelsteine für *La Langue d'Amour* als zu kalt und unpersönlich galten, wurden sie für Hofdamen durch Blumen und Schleifen ersetzt. Für die höfischen Zeremonien waren pompöse Schmuckformen im Stil *La Grande Parure* gängig. Darunter waren die Perlenhalsketten, welche zwei-, drei- oder sogar viermal übereinander gereiht waren, außerordentlich beliebt. Dagegen wurden Armbänder ziemlich selten getragen. Ausschlaggebend für die Hofmode waren Hochsteckfrisuren, welche mit Kunstblumen verziert wurden. Die Haare wurden gepudert in graue und weiße Farben. Der Haarpuder zog das Auflegen von Rouge nach sich. So wurde ein übertriebenes Rot aufgetragen, damit das Make-Up sofort zu erkennen war. Allgemein war die Schminke im Vorfeld der Französischen Revolution sehr grell und auffallend, da sich natürlich zu schminken als unfein oder Zeichen der öffentlichen Frauen galt. Des Weiteren nutzten Hofdamen *Mouches* zur Verschönerung des gesamten Erscheinungsbildes. Sie stellten schwarz gummierte oder aus Seide hergestellte Fleckchen dar, mit denen Frauen auf die Grübchen oder sonstige Reize des Gesichtes hinwiesen. Diese sogenannten Schönheitspflästerchen nahmen Gestalt von Sonnen, Monden, Sternen, Herzen oder Amoretten an. Sie ließen Hofdamen kokett, kühn oder majestätisch wirken, je nachdem, ob die *Mouche* auf der Lippe, auf der Nase oder auf der Stirn entsprechend platziert wurde (Kybalová, Herbenová, Lamarová 1981; Thiel 2010: 252f; Loschek 2011: 52f.).

Die Hofkleidung eines adligen Herrn war sehr farbenfreudig und ebenso wie bei Hofdamen reichlich geschmückt. Üblich für *La Grande Parure* der Herrenkleidung war das Kokettieren mit Dessous. Dafür war das Hemd mit einem Spitzenjabot ausgestattet. Seltener banden die Herren eine weiße Binde um den Hals anstatt einer Krawatte. Die Ärmel des Fracks eines adligen Herrn wurden mit breiten Spitzenmanschetten ausgestattet. Eine reichliche Verzierung gebührte dem Kragen und den Rändern dieses Kleidungsstücks. So wurden sie mit Gold- und Silberfäden bestickt. Unentbehrlich für die Herrenkleidung dieser Zeit waren *Culottes,* die Kniehosen, welche während der Französischen Revolution zum Symbol des verhassten Adels und des Royalismus wurden. Zu dieser Kniebundhose haben die Herrschaften am Hofe helle Strümpfe getragen, deren Farbe zwischen Schneeweiß und Grau variierte. Üblich für die Barockzeit des französischen Hofes waren Haarbeutelfrisuren oder Zopfperücken bei den Herren. Dabei wurden die Haare üppig gepudert, ähnlich wie bei den Damen. Der graue und weiße Haarpuder war modisch, sodass Jung und Alt die Haarfarbe des Alters trugen. Dadurch schien das Alter überwunden zu sein. Die reichliche Schminke des Herrn benötigte weißen Puder, weil die Haut blass gehalten werden sollte. Dazu wurden dann die Adern blau nachgezogen. Zur Kopfbedeckung nutzten die Herren einen Dreispitz, der meistens wegen des Puders unter dem Arm getragen wurde. Als Fußbekleidung eines adligen Herrn fungierten Schuhe mit einer runden Kappe vorne. Männer trugen ebenso wie die Frauen Absätze, welche allerdings im Vorfeld der Französischen Revolution etwas niedriger wurden. Der rote Absatz galt nach wie vor als Adelsprivileg (Du Mortier 2018: 116f; Thiel 2010: 257ff.).

## 3. Die Französische Revolution und Directoire

Das prachtvolle Hofleben des Königs Ludwig XVI. und französischen Adels führte zu einer starken Staatsverschuldung. Die Bevölkerung Frankreichs war äußerst unzufrieden, weil sie das *Amusement* des Hofadels durch hohe Steuern finanzieren musste. Hinzu kam noch eine starke Dürre 1789, welche gravierende landwirtschaftliche Probleme mit sich brachte. Das Volk hungerte, während der Adel ein luxuriöses Leben am königlichen Hofe genoss. Diese Zustände führten zum revolutionären Ausbruch mit Erstürmung der Bastille. Bereits im Vorfeld der Französischen Revolution erfuhr die Mode gewisse Veränderungen. Vor der Erstürmung der Bastille verschwanden Reifrock und Zopf. Der Kleidungstil bekam den Sinn für das Praktische. Sein Wandel wurde durch Intellektuelle wie Rousseau und Voltaire inspiriert. Sie plädierten für die Rückkehr zur Natur. Bis zur Französischen Revolution diente die Kleidung der Ständedistinktion. Laut Kleiderordnung des Herrn de Brézé sollte sich der Dritte Stand in schwarze Gewänder kleiden, um sich „von lila schimmernden Prälaten und goldbesticktem

Adel" zu unterscheiden (Hunt 1992: 23). Mit dem Ausbruch der Revolution 1789 wurde die Kleiderordnung in Frankreich abgeschafft. Infolgedessen wurde die Pracht der Hofmode den Dienern und Lakaien überlassen (Kybalová, Herbenová, Lamarová 1981; Mentges 2011).

Die revolutionäre Veränderung des Kleiderstils sollte die politische Gesinnung widerspiegeln. Anstelle der typischen Adelskleidung, welche aus den *Culottes*, dem Spitzenjabot und der reichlich mit Federn geschmückten Kokarde bestand, trat die Trikolore Frankreichs. Bereits 1790 bildeten die Modezeitschriften ein „Konstitutionskostüm" mit einer blauweißroten Kokarde ab. Mit der Trikolore wurde der Kampf gegen den Royalismus angesagt. Indes zeichnete sich sowohl die Damen- als auch die Herrenkleidung während der Französischen Revolution durch keine Einheitlichkeit aus. Es fanden rasche Abwechslungstendenzen innerhalb der revolutionären Mode statt. So führte 1792 eine extreme Gruppe der Jakobiner eine besondere republikanische Tracht ein. Sie bestand aus einer roten phrygischen Mütze der Galeerensklaven, einer blauen ärmellosen Weste *Carmagnole* und einer langen weißen Matrosenhose. Die rote phrygische Mütze war bereits in der römischen Antike als ein Zeichen für Freiheit bekannt. Die blaue Weste erinnerte an die bäuerliche Tracht. Dazu wurden noch Holzschuhe, die sogenannten *Sabot*s, getragen (Thiel 2010: 278f.).

## 3.1. Veränderung der Herrenkleidung

Es erfolgte eine grundsätzliche Veränderung der Herrenkleidung im Laufe der Französischen Revolution. Bestimmend für die revolutionäre Mode war die Kleidung des Dritten Standes. Im Kleiderwandel gebührte der Kniebundhose *Culottes* die absolute Schlüsselstellung. Während der Revolution wurde sie äußerst negativ als Symbol für die Kleidung des Adels konnotiert. Müller beschreibt die Versammlung des Convents am Anfang der Revolution: „Wie sehr die Menge der Adel verhasst war, zeigt sich daran, dass [...] eine schwarze Kniebundhose (*Culottes*) auf zwei Picken, der Waffe des Volkes, durch den Saal getragen worden war" (Müller 2002: 34). Auch beim Bastillesturm trug die Menschenmasse – aus 10.000 bis 20.000 Männern – eine zerfetzte schwarze Kniehose an einer Lanze gespießt (ebd.). Diejenigen, die an der Erstürmung der Bastille teilnahmen, gingen in die Geschichte der Französischen Revolution als *Sanculottes* ein. Es waren Vertreter des Dritten Standes, welche an der Spitze der Bewegung standen. Die Sanculotten stellten eine Gruppe der Männer aus dem Kleinbürgertum dar – Ladenbesitzer, Handwerker – die ohne Kniehose nur mit *Carmagnole* gekleidet waren. Zu ihrer Kleidung gehörte alternativ eine lange Röhrenhose – *Pantalons* (Müller 2003: 35). Demnach wurde die *Culottes* durch *Pantalons* im Laufe der Französischen Revolution ersetzt.

So wurde die Kleidung immer mehr als ein öffentliches Zeichen der persönlichen Einstellung aufgefasst (Hunt 1992: 22).

Wie bereits erwähnt, fand die Herrenkleidung Ende des 18. Jahrhunderts keine einheitliche Linie. Das Gros der Männer trug englische Bekleidung. Für diejenigen, die sich öffentlich zur Französischen Revolution bekannten, dennoch nicht in die Nähe der Sansculotten rücken wollten, wurde Redingote zu einer eloquenten Lösung. Als Redingote bezeichnete man einen weiten Mantel mit doppeltem Kragen (engl. *riding coat*). Er wurde mit einem langen eng anliegenden Rock in Nationalfarben und mit weißen Strümpfen getragen. Der Redingote nahm eine Mittelstellung ein: er besaß den revolutionären Habitus, gleichzeitig hob er sich von dem Sansculotten-Kostüme ab. Während der Französischen Revolution wurden die Absatzschuhe mit rotem Absatz gegen neuartige niedrige Schuhe ausgetauscht. Gepuderte Perücken galten in der revolutionären Zeit als unsozial: Das Mehl war für die Ernährung des hungernden Volkes bestimmt und nicht für die Verschwendung am Hofe. Anstelle der Perücken trat die natürliche Haarfarbe. Die bisher bei dem Adel beliebten Zopffrisuren mit Haarbändern galten nun als reaktionistisch. Das Haar wurde kurz getragen. In der Mode waren Frisuren wie *á la Titus* und *á la Victime*. Die Letztere stellte einen kahlgeschorenen Kopf als Nachahmung der Hinrichtung Ludwigs XVI. dar. Die ehemals schwarzen Frack und Zylinder wurden entsprechend zu Revolutionsmode in der blauweißroten Trikolore ausgeführt. Auch die Sprache der Accessoires war revolutionär. Der Herr bekundete seine demokratische Gesinnung durch Tragen von Handschuhen, welche die Freiheit personifizierten. Selbst Schuhschnallen hatten öfters die Form der Bastille. Dafür wurden die grauen Bastillesteine geschliffen und als Juwelen gefasst (Müller 2002: 33). Zusammenfassend besaß die Herrenbekleidung während der Französischen Revolution etliche Variationen, welche sich rasch abwechselten und somit die Uneinheitlichkeit der revolutionären Mode hervorbrachten (Hunt 1992; Kybalová, Herbenová, Lamarová 1981).

3.2. Gefahren der „falschen" Bekleidung

Kleidung hatte eine distinktive Funktion in der Französischen Revolution. Wenn sie bisher der Ständeunterscheidung galt, so wurde sie im Laufe der Revolution zum Distinktionsmerkmal politischer Einstellungen. Somit galt die Französische Revolution als Musterbeispiel für die Politisierung der Mode. Kleidung und Accessoires machten die politische Unterscheidung zwischen Freund und Feind sichtbar. Die Mode wurde instrumentalisiert und galt als Teil „des politischen Kampfes" (Müller 2002: 33). Während der Revolution war es ziemlich gefährlich, sich auf der Straße im kostspieligen Stoff und mit einer gepuderten Frisur zu zeigen. Die wertvollen Stoffe, zu denen Seide, Damast, Baldachin und Atlas zählten, konnten sich bisher nur die Adligen leisten. Somit wurde anhand des Stoffes die Verbindung zum königlichen Hof hergestellt und konnte geahndet werden. Am meisten bemerkbar machte sie sich am Puder, der nach der Hinrichtung Ludwigs XVI. als eindeutig royalistisch galt. Der gepuderte Kopf gehörte im Laufe der Revolution unter die Guillotine. Trotzdem kleidete sich der Adel weiterhin vorwiegend nach der höfischen Mode, obwohl es lebensgefährlich war. Die Unterscheidung der politischen Ansichten erfolgte anhand der Kleidung. Seit Eröffnung der Generalstände 1789 war jedes Gewand mit einer politischen Konnotation behaftet. Es herrschte ein rasanter Unterschied zwischen den „nüchtern gekleideten Abgeordneten des Dritten Standes [...] und [der] leuchtenden [...] Schar von Abgeordneten des Adels" (Hunt 1992: 22). Eine Steigerung der Distinktion erfolgte dann, wenn diejenigen, die keine rote Mütze, sondern Hut trugen, öffentlich „angefallen und misshandelt" wurden (Müller 2002: 34). 1792 berichtete die Vossische Zeitung in Berlin von den Gefahren des Tragens einer „falschen" Hose auf Pariser Straßen. Damit wurde die Kniehose *Culottes* gemeint. Selbst fünf Jahre nach der Revolution wurde dem alten Regime die Treue gehalten. Ungeachtet der „zunehmende[n] Expansion der Öffentlichkeit ins Private" (Hunt 1992: 22) blieb die Frauenkleidung bis zum Tode Robespierres 1794 unverändert (Loschek 2011).

3.3. Veränderung der Damenkleidung

Französische Damenmode zeichnete sich im Laufe der Revolution durch Vereinfachung und eine gewisse Vernachlässigung des Bekleidungsrituals aus. Die Einfachheit wurde zum Ausdruck fortschrittlicher Gesinnung. Damenkleidung wurde leicht und bequem. Wenn man an die Chemisen denkt, so sank das lange Gewand in natürlichen Falten herab. Das Korsett wurde abgelegt und Chemisenkleider verzeichneten den Wandel in der Mode. Es erfolgte die Wiederentdeckung der Antike, indem die griechische Demokratie und die Römische Republik zu politischen und modischen Vorbildern der Frauenkleidung der Französischen Revolution wurden. Dieser Kleidungsstil, bekannt als *Mode á la Grecque*, verbreitete sich ab 1793. Bei den Chemisen handelte es sich um weiße Hemdkleider aus feinstem, teils transparentem Baumwollstoff – Musselin. In Anlehnung an die Kleidung der Antike herrschte eine besondere Vorliebe für Weiß. Nicht selten enthielten die Chemisenkleider Farben der Stadt Paris: blau, rot, weiß (Müller 2002: 33). Des Öfteren wurden sie aus einem leichten weißen Stoff mit einem großen Dekolleté gemacht. Nicht selten waren Chemisen auch durchsichtig. Ab 1797 wurde der transparente Musselin durch Tüll ersetzt. So konnte die ganze Damenrobe mühelos in die Tasche passen. Im Winter wurde unter dem Kleid ein Leibtrikot getragen. In der Regel hatten Chemisenkleider ein tiefes Dekolleté und lange Schleppen. Zu erwähnen ist, dass eine starke Betonung des Busens und die Schleppen an sich nicht griechisch waren. Nach französischer

Mode wurden die Brüste nach wie vor hoch geschnürt. Unter die Brustlinie wurde eine Taille gesetzt. So wurden die Chemisenkleider nicht selten durch einen breiten Gürtel um den Leib befestigt. Zu Chemisen wurden flache absatzlose Schlupfschuhe mit Kreuzbändern getragen. Als Überkleidung fungierten große Tücher oder lange Kaschmirschale. Beim Ausgehen wurden sie einfach um die Schulter geschlagen. Der Schal sollte den Mantel ersetzen. Eine deutliche Vereinfachung betraf auch Damenfrisuren. Die Haare wurden nicht mehr gepudert, wie es bei der höfischen Mode der Fall war. Sie wurden leicht gelockt frei getragen oder über die Stirn zu einem Zopf geflochten. Des Weiteren wurde der Haarknoten mit einer Ziernadel *á la Grecque* geschmückt. Frei in Locken herabhängendes Haar und die Bewegungsfreiheit der Chemisen verzeichneten eine revolutionäre Veränderung der Damenkleidung. Folglich wurde seit der Französischen Revolution immer mehr Haut bei den Frauen zur Schau gestellt (Loschek 2011; Müller 2002; Thiel 2010).

3.4. Emanzipatorische Frauenbewegung

Wie die Herrenkleidung zeigte die Damenmode während der Revolution keine einheitliche Linie und wurde durch viele wechselhafte Tendenzen geprägt. Beispielsweise schrieb 1793 ein Beschluss des Convents das Tragen einer blauweißroten Kokarde ungeachtet des Geschlechts vor (Hunt 1992: 23f.). Demnach organisierten sich patriotisch gesinnte Frauen zu Frauenclubs, welche auch Emanzipationsansichten vorantrieben. Diese Frauen kleideten sich von Kopf bis Fuß in Nationalfarben. Manche davon trugen ebenso wie die Herren rote Jakobinermützen. Die Wortführerinnen der Bewegung waren Pauline Leon und Claire Lacombe. Sie trugen Hosen, Kurzhaarschnitt und Jakobinermützen. Ab dem achtzehnten Lebensjahr durften sich die Frauen mit der Pike, was als Waffe des Volkes galt, ausstatten. Diese Tatsache konnte als Bekundung des Frauenanspruchs auf die Machtteilhabe aufgefasst werden. Deswegen lehnten die radikalen Jakobiner eine aktive Beteiligung der Frauen an den öffentlichen Angelegenheiten ab. Außerdem erfolgte ziemlich zeitnah eine Warnung vor der „Vermännlichung" der Frauen. Zugleich wurde 1793 ein Verbot der Frauenvereinigungen durch den Konvent ausgesprochen. Und schließlich seit 1800 wurde es den Frauen gesetzlich untersagt, Kokarden zu tragen (Hunt 1992: 24f.).

3.5. Folgen der Französischen Revolution für die Mode

Die Französische Revolution veränderte neben den politischen und wirtschaftlichen Verhältnissen auch die Kleidung. Die Mode wurde bequemer und zweckmäßiger. Ihr Wirkungskreis dehnte sich auf die weiteren Bevölkerungsgruppen aus. Die immensen Brüche, welche die Französische Revolution seit dem Ende des 18. Jahrhunderts in der Geschichte der

Mode verzeichnete, prägten die Herren- und Damenkleidung nachhaltig. Nach der Revolution wurde die Männerkleidung allmählich weniger farbig, vielgestaltig und orientalisch. Kurz gefasst wurde sie sogar eintöniger und düsterer. Seit dieser Zeit waren Variationen in der Herrenmode im Vergleich zur Damenmode sehr gering. Damit schien der Mann auf das Recht der Schönheit verzichtet zu haben und die Zweckmäßigkeit zu suchen. Insgesamt wandelte die Französische Revolution die Kleidung der Männer viel mehr als die der Frauen. Das Hauptziel der dekorativen Kleidung lag bisher in der Unterscheidung und Trennung der Menschen nach Geburt und Vermögen. Diese Distinktion wurde durch Gesetzesvorschriften des Adels oktroyiert. Der Sieg der Französischen Revolution richtete sich gegen Adel und setzte die Trikolore Frankreichs durch. Der revolutionäre Umbruch „entlastete" wesentlich die Kleidung und lockerte somit das Bekleidungsritual (Mentges 2011; Müller 2002; Kybalová, Herbenová, Lamarová 1981).

4. Die Empire-Zeit

Während des Konsulats von 1799 bis 1804 wurde erkannt, dass sich allzu leichte Kleidung für das Klima in Paris nicht eignete. Allerdings veränderte sich in dieser Zeit die Kleidung keineswegs. Seit 1804 geriet Frankreich unter das Regiment Napoleon Bonapartes, der ein aktives Interesse am Modegeschehen bekundete. So wurden nach der Französischen Revolution wieder wärmere Stoffe modern. Es wurden erneut Tafte, Samte, Brokate getragen. Die Damenkleidung der Empire-Zeit zeichnete sich durch die Verkleinerung des Dekolletés aus. In die Mode kehrten lange Ärmel zurück. Nackte Haut wurde weniger zur Schau gestellt als während der Französischen Revolution, sodass zu den kurzen Ärmeln eines Kleides öfters lange und anliegende Handschuhe getragen wurden. Die Schleppe verschwand komplett aus dem Alltag. Sie war nur als Bestandteil der offiziellen Hoftoilette beibehalten. Die Frauenkleidung gewann wieder mehr an Farbe, obwohl Weiß dominant blieb. Napoleon wollte an die alten Traditionen des Hofes anknüpfen, deswegen wurden neue Entwürfe für Prunkroben geschaffen (Kybalová, Herbenová, Lamarová 1981; Mentges 2011).

In die Herrenkleidung der Empire-Zeit kehrte die Kniebundhose zurück. Die Bekleidung der Männer zeichnete sich durch viel Prunk aus. Pelerinen und kurze *Culottes* wurden mit Gold und Silber bestrickt. Es wurde erneut Schmuck aus Federn seltener Vögel modern. Während der Empire-Zeit konzentrierten sich das Dekorative sowie das Unbequeme in der Herrenkleidung auf den Hals. Modisch wurde Sakko mit einem prunkvoll gestalteten Kragen. Napoleon Bonaparte beobachtete ganz genau die Kleidung seiner Höflinge: Wer zweimal dieselbe Toilette am Hofe trug, bekam unverzüglich eine Abmahnung seitens des Herrschers. Napoleons proaktives Interesse an Frankreichs Einfluss auf das Modegeschehen in der Welt speiste sich aus dem Wusch, Paris als Mittelpunkt und Modezentrum zu behalten. Bonaparte war sehr bestrebt, die Hofmode wiederzubeleben. Währens seines Regiments nahm die Uniformierung an Bedeutung zu. Die Militäruniformen waren derzeit aus praktischer Hinsicht sehr beliebt. Da sich die englische Mode jedes Vierteljahr änderte, war es eine ziemlich kostspielige Angelegenheit, mit den neusten Modetrends Schritt zu halten. Ein weiterer Aspekt der Empire-Kleidung stellt die Nationaltracht dar. Die Unterdrückung vieler Völker infolge Napoleonischer Eroberungskriege führte mit der Zeit zum Aufkommen des nationalen Selbstbewusstseins, was sich in der Volkstracht äußerte. Die Befreiungskriege der unterjochten Nationen führten zur modischen Autarkie der einzelnen Völker. So tauchte in die Empire-Zeit bäuerliche Kleidung der einzelnen Regionen verstärkt auf. In etlichen Ländern, welche sich unter Regiment des Napoleon Bonaparte befanden, wurden Nationaltrachtdebatten durchgeführt. Die Anführer der „Deutschen Nationaltrachtdebatte" waren Ernst Moritz Arndt, Friedrich Ludwig Jahn und Karoline Pichler. Sie erlitt folglich einen Schiffbruch (ebd.).

5. Ausblick: *Mode á l'Anglaise*

Nach dem Wiener Kongress 1814 und 1815 übernahm Frankreich völlig die englische Herrenkleidung. Die neue Mode aus England kam mit dem Sinn für das Praktische. England zeigte sich bereits im Laufe des 18. Jahrhunderts nicht nur als Wirtschafts- und Weltmacht, sondern auch als *Leader of Fashion*. Der Begriff der englischen Mode nahm seinen Ursprung in den Jahren 1760/70. *Mode á l'Anglaise* repräsentierte die Kleidung des Landadels und des Großbürgertums. Diese Bevölkerungsschicht wirtschaftete selbst und zeichnete sich durch eine demokratische Gesinnung aus. Landadelige führten einen aktiven Lebensstil, was durch Jagd und Reiten geprägt war. Aus diesem Grund unterstrich die englische Kleidung die Bewegungsfreiheit und Natürlichkeit. Typisch für die *Mode á l'Anglaise* war Ridingcoat, kurze Weste, bequeme Hose, hohe Lederschuhe und runder Hut. Dabei verstand man unter Ridingcoat einen zum Reiten hergerichteten Frack. Die Hose nach der englischen Mode wurde meistens aus feinem Leder angefertigt (Loschek 2011: 53f.).

# Literaturverzeichnis

Du Mortier, Bianca M. 2018. Costume&Fashion. Ruks Museum.

Hunt, Lynn. 1992. Französische Revolution und privates Leben. In: Perot, Michelle (Hrsg.). Geschichte des privaten Lebens, Bd. 4: Von der Revolution zum großen Krieg. Frankfurt am Main: Fischer Verlag.

Kybalová, Ludmila; Herbenová, Olga; Lamarová, Milena. 1981. Das Große Bilderlexikon der Mode. Vom Altertum zur Gegenwart. Prag: Artia Verlag für VEB Verlag der Kunst Dresden.

Loschek, Ingrid. 2011. Reclams Mode- und Kostümlexikon. 6., erweiterte und aktualisierte Auflage. Stuttgart: Philipp Reclam jun.

Mentges, Gabriele. 2011. Europäische Kleidermode (1450–1950). In: Europäische Geschichte Online (EGO), Hrsg. v. Leibniz-Institut für Europäische Geschichte (IEG). URL: http://www.ieg-ego.eu/mentgesg-2011-de.

Müller, Siegfried. 2002. Die Mode und die Revolution: Das Beispiel Frankreich. In: Müller Siegfried; Reinbold, Michael (Hrsg.). Kleider machen Politik. Zur Repräsentation von Nationalstaat und Politik durch Kleidung in Europa vom 18. bis zum 20. Jahrhundert. Landesmuseum für Kunst und Kulturgeschichte. Oldenburg: Isensee Verlag.

Thiel, Erika. 2010. Geschichte des Kostüms. Die europäische Mode von den Anfängen bis zur Gegenwart. 9., aktualisierte Auflage. Leipzig: Henschel Verlag.